M. LE BARON

HOUSSIN DE SAINT-LAURENT

———

6 AVRIL 1820 — 10 JUIN 1890

M. LE BARON

HOUSSIN DE SAINT-LAURENT

—

6 AVRIL 1820 — 10 JUIN 1890

HOUSSIN DE SAINT-LAURENT

6 AVRIL 1820 — 10 JUIN 1890

Au moment de mettre sous presse nous parvient une douloureuse nouvelle.

M. le baron Houssin de Saint-Laurent, conseiller général de Domfront, vient de mourir !

C'est avec un profond regret que nous apprenons cette perte si imprévue et qui sera si douloureusement ressentie.

Perte cruelle pour sa famille, à laquelle nous offrons la respectueuse expression de nos bien sincères et sympathiques condoléances ;

Perte sensible pour ses nombreux amis, qui savaient trouver toujours en M. Houssin de

Saint-Laurent une amitié sûre, obligeante et dévouée ;

Perte pour le Conseil général de l'Orne, où M. Houssin de Saint-Laurent occupait, depuis tant d'années, une place marquée par ses connaissances spéciales sur tout ce qui concerne les questions de l'agriculture, si intéressantes pour le pays, autant que par l'aménité, la droiture, la loyauté de son caractère qui lui avaient concilié l'amitié et l'estime de tous ses collègues, sans distinction de parti ;

Perte pour l'arrondissement. pour le canton de Domfront, auxquels il n'avait jamais marchandé, de la façon la plus large et la plus désintéressée, son temps, sa peine, ses démarches, ses services, où il était un conseil écouté, où il ne comptait que des amis ;

Perte pour le parti conservateur, auquel il n'avait jamais marchandé non plus et, en plus d'une circonstance, avec une discipline et une abnégation qui en rehaussaient le prix et en doublaient le mérite, ni son dévouement, ni même ses sacrifices ; pour le parti conservateur, dont il était, dans son arrondissement, un des plus fermes et des plus autorisés soutiens, un des chefs les plus actifs, dont il sera assurément demain, dans le département tout entier, un des membres les plus sincèrement et les plus cordialement regrettés.

———

Si quelqu'un avait pu douter que M. le baron Houssin de Saint-Laurent fût entouré de l'estime générale, celui-là eût été assurément édifié par la cérémonie qui a eu lieu hier.

A Lonlay, malgré une pluie diluvienne, comme à Domfront, une foule considérable, venue de tous les points du canton ou de l'arrondissement, composée de gens de toutes les classes et même de toutes les opinions, a suivi son cercueil.

Nommer seulement les principaux de ses amis qui étaient là, serait encore trop long. Deux d'entre eux ont tenu à rendre, au nom de tous, un dernier hommage à sa mémoire,

Leurs discours expriment mieux, et avec plus d'autorité que tout ce que nous pourrions dire, les sentiments et les souvenirs qui se pressaient dans le cœur de tous. Nous

nous bornons à les reproduire comme le meilleur hommage que nous puissions rendre ici à la mémoire de l'ami que nous regrettons :

Discours de M. le Dr LIBERT.

Messieurs,

Avant que cette tombe se ferme sur le baron Houssin de Saint-Laurent, permettez-moi de venir, au nom de ses nombreux amis du Conseil général et de celui de mes collègues du Sénat, rendre un dernier hommage au sympathique et regretté collègue que la mort vient de nous enlever d'une façon aussi inattendue et dont je vous demande la permission de vous retracer en quelques mots la carrière.

La baron Houssin de Saint-Laurent appartenait à une ancienne famille de la Manche et était fils d'un général du premier Empire. Engagé volontaire à l'âge de dix-huit ans, après quelques années de service, il allait être nommé sous-lieutenant, lorsqu'une circonstance particulière (un passe-droit sur le tableau d'avancement) le décida à donner sa démission et à rentrer dans la vie privée.

C'est alors qu'il se maria, acheta une propriété dans l'arrondissement de Domfront et fonda la ferme-école du Saut-Gautier que vous connaissez tous.

C'est au moment où il s'occupait le plus activement de ses travaux agricoles que la guerre de 1870 éclata.

L'ancien engagé volontaire ne pouvait voir d'un œil impassible les préparatifs de cette redoutable guerre contre l'Allemagne, et bien qu'il eût atteint la cinquantaine et père de famille, un des premiers il sollicita un emploi dans la garde mobile et rejoignit, en qualité de capitaine, avec le 4e bataillon de l'Orne, la deuxième armée de la Loire.

Tous ceux d'entre vous, Messieurs, qui à cette époque eurent le périlleux honneur de prendre part à cette dure campagne et de servir sous ses ordres, savent mieux que je ne pourrais le dire la sollicitude dont il entourait ses jeunes conscrits, l'énergie avec laquelle il les menait au feu et la bravoure à toute épreuve dont il leur donnait l'exemple.

Une grave blessure, reçue le 9 décembre 1870 au combat de Loches, lui valut à la fin de la campagne la croix de la Légion d'honneur, et le suffrage de ses concitoyens l'envoyait peu après représenter le canton de Domfront au Conseil général.

Sa haute compétence dans les questions agricoles avait marqué d'avance la place qu'il devait occuper dans notre assemblée départementale. Pendant vingt ans, il fit partie de toutes les commissions hippiques ou agricoles, de la commission départementale, et ses adversaires politiques étaient les premiers à rendre hommage à ses connaissances pratiques, ainsi qu'à la parfaite courtoisie qu'il ne cessait d'apporter dans les discussions.

Quant aux électeurs de son canton, ils conserveront longtemps, croyez-le, Messieurs, le souvenir de l'affabilité avec laquelle il accueillait leurs réclamations et de l'empressement qu'il mettait à s'occuper de leurs affaires.

Si cette foule qui m'entoure est le témoignage le plus éloquent des nombreuses sympathies que notre regretté collègue avait su se concilier pendant sa vie, puisse-t-elle devenir aujourd'hui pour sa famille, au moment de la séparation suprême, un adoucissement à sa profonde douleur !

Au nom de tous vos anciens amis, au nom des nombreux mobiles qui ont tenu à honneur de vous rendre aujourd'hui ce dernier témoignage d'estime et qui me demandent de me faire l'interprète de leurs sentiments, je vous adresse un dernier adieu !

Adieu, mon cher collègue, adieu !

Discours de M. le Dr *CACHET.*

Messieurs,

Ce n'est pas sans une profonde émotion que je prends la parole pour dire un dernier adieu à notre ami le baron Houssin de Saint-Laurent.

La mort qui déjoue bien des calculs, trompe bien des espérances et nous tient en réserve de bien douloureuses surprises, est venue, brutalement et presque à l'improviste, coucher dans ce froid cercueil celui qui, hier encore, était l'homme intelligent et actif que vous connaissiez.

Une voix plus autorisée que la mienne vous a rappelé sa vie et les luttes qu'il a subies.

Je ne veux retenir de lui que deux choses.

C'était en 1870. Notre beau pays était envahi. Faisant taire son affection pour sa famille, ses quatre enfants encore jeunes, il n'écoute que la voix du devoir, et va, à l'âge de 50 ans, se mettre à la tête d'une compagnie de mobiles. C'était courir à une blessure certaine, à la mort peut-être ! Mais que lui importait ! La France avant tout.

L'âge n'avait pas éteint cette ardeur patriotique et dernièrement il disait à un ami commun : « S'il y avait une guerre, je partirais encore !... » Illusion bien pardonnable !

Vous dirai-je avec quel soin jaloux, avec quelle abnégation il remplissait les devoirs politiques dont il avait pris la charge et qui lui faisaient même oublier le souci de ses propres intérêts ? — Le recueillement et les regrets de la foule qui se presse autour de cette tombe le proclament plus haut que pourraient le faire mes paroles.

Servir sa patrie ! se dévouer à ses concitoyens ! deux nobles ambitions : voilà ce qui domina dans la vie de M. le baron Houssin de Saint-Laurent et ce qui fait que sa mémoire sera à jamais respectée et honorée.

Nous n'avons qu'un mot à ajouter pour adresser à la famille du regretté défunt, à madame la baronne Houssin de Saint-Laurent, à ses enfants, dont l'aîné sert la France dans un poste lointain, l'hommage de nos respectueuses condoléances.

Nous empruntons à notre excellent confrère de Domfront, le *Publicateur de l'Orne*, la notice suivante sur le baron de Saint-Laurent :

M. le baron Houssin était fils d'un général qui avait fait toutes les campagnes du premier Empire et pouvait rappeler, entre autres souvenirs glorieux, qu'il était entré le premier à Berlin, après Iéna.

Son bisaïeul était sous Louis XV garde-du-corps du roi, capitaine de cavalerie à la compagnie de Noailles, chevalier de Saint-Louis.

Son aïeul était gendarme de la garde du roi Louis XV et conseiller du roi pour l'élection de Saint-Lô.

Ces traditions de patriotisme et de bravoure, **M.** le baron Houssin ne devait pas les laisser s'affaiblir.

En 1870, alors que son âge le dispensait légalement du service, il partit, laissant à sa vaillante femme le soin de ses quatre petits enfants.

Il montra, dès l'abord, de véritables et rares qualités militaires : le courage et le sang-froid, la fermeté et la bonté, toutes choses indispensables avec des soldats improvisés comme l'étaient nos mobiles.

Entre autres circonstances, nous voulons rappeler celle où il fut blessé, parce que là il se peint tout entier.

C'était à Lorges, le 9 décembre. Ses hommes étaient déployés en tirailleurs en avant des batteries françaises et couchés dans un labour. Ils avaient en face d'eux des masses d'Allemands, artillerie et infanterie, qui faisaient un feu terrible.

M. de Saint-Laurent s'aperçoit, à un moment, que des troupes françaises, placées sur un autre point du champ de bataille, tiraient dans sa direction et décimaient ses mobiles. Il fallait à tout prix arrêter cette fatale méprise.

Il pouvait expédier un ordre par un sous-officier ou un soldat; mais c'était envoyer ce malheureux à une mort certaine. M. de Saint-Laurent aima mieux se dévouer et, se levant, il parcourut pendant 500 mètres la ligne des tirailleurs. Les Prussiens, voyant cet officier seul debout dans la plaine, dirigèrent leurs coups sur lui.

Une balle l'atteignit dans le côté gauche de la poitrine, à la naissance de l'épaule, et le traversa de part en part. Il eut l'énergie, pour accomplir sa mission, de rester encore quelque temps sur le champ de bataille; il eut l'énergie non moins grande, pour ne pas être fait prisonnier, après un pansement sommaire à l'ambulance, de gagner le Mans, d'où il parvint deux jours plus tard à Domfront, non sans d'horribles souffrances.

Des soins habiles et affectueux sauvèrent sa vie, dont il avait fait avec tant de simplicité et d'héroïsme le sacrifice ; et il reçut presque en même temps deux récompenses.

La croix d'abord, qui fut rarement mieux méritée et mieux portée. Puis ses concitoyens firent de lui leur représentant au Conseil général.

Nous venons de voir le brave soldat. Voici maintenant l'homme utile.

M. le baron Houssin avait bien compris que l'agriculteur est le *fonds* de la force de notre France, comme l'agriculture est le fonds de sa richesse; et qu'il n'y avait point d'intérêts plus précieux, plus sacrés que les leurs.

Il s'y dévoua tout entier. Par la parole, par l'exemple, dans sa ferme-modèle et dans les comices, il prodigua donc aux agriculteurs les encouragements et les secours.

En même temps, au Conseil général, il avait pour unique préoccupation les intérêts généraux ou privés de ses électeurs, et il les servait d'autant mieux que tous, adversaires ou amis, l'y écoutaient, à cause de sa grande courtoisie et de sa compétence.

Énumérer ses travaux, ses efforts, ses vœux, nous serait impossible, l'espace et le temps nous étant mesurés; à la session dernière, il faisait voter un nouveau vœu en faveur de la liberté de nos bouilleurs.

De politique ici, nous n'en voulons point parler ; constatons seulement qu'il fut des nôtres et qu'il garda fidèlement les idées qu'il exprimait ainsi dans sa proclamation de 1871 : « J'appartiendrai toujours au parti de l'ordre.

» Je professe un profond respect pour les prin-
» cipes de liberté, de justice, de morale et de
» religion, seules bases solides de l'ordre so-
» cial, et je ne reconnais d'autre souveraineté
» que la souveraineté nationale issue du suf-
» frage de tous. » Tels étaient ses principes ;
et fermement convaincu que, s'ils étaient mo-
mentanément méconnus, ils devaient, en défi-
nitive, prévaloir pour la paix et la grandeur
de la Patrie, il en garda jusqu'à la fin la gé-
néreuse espérance.

La vie de cet homme honnête, désintéressé,
modeste et brave appelle sans doute — en ce
moment surtout — des comparaisons qui s'im-
poseront d'elles-mêmes à l'esprit de nos lec-
teurs.

Mais nous n'ajouterons rien de plus à ces
lignes écrites à la hâte, et nous nous contente-
rons de demander à tous : n'avions-nous pas
raison de dire que la vie du baron Houssin,
agriculteur et soldat, fut une vie noblement et
utilement employée?

Extrait du *Courrier de Flers*, 15 juin 1890, journal républicain, adversaire de M. le baron Houssin de Saint-Laurent :

M. le baron Houssin de Saint-Laurent, chevalier de la Légion d'honneur, conseiller général du canton de Domfront, est mort presque subitement mardi dernier.

Il nous plaît, en signalant l'événement, de rendre hommage aux qualités qui avaient gagné à M. Houssin l'estime publique.

Les services rendus à la Défense nationale en 1870, l'aménité de son caractère lui avaient fait des partisans. On n'a pas vu son nom mêlé aux polémiques haineuses dont la réaction est coutumière. M. le baron Houssin de Saint-Laurent fut pour nous un adversaire politique qu'à l'occasion nous eussions combattu, ce qui ne nous empêche pas de lui accorder le juste témoignage qui lui est dû.

PARIS. — IMPRIMERIE CHAIX, 20, RUE BERGÈRE. — 14600-6-90.

PARIS. — IMP. CHAIX, 20, RUE BERGÈRE. — 14602-6-90.